Die Photographien des Bandes stammen von:

Archivio White Star/Marcello Bertinetti:
Umschlag vorn, Umschlag hinten, S. 1, 7, 8–9, 10–11, 12–13, 17, 18, 22, 30–31, 33, 34, 37, 40–41, 42–43, 46–47, 48, 52–53, 54–55, 66, 72–73, 74, 76, 88–89, 90, 94–95.

Archivio White Star/Carlo De Fabianis:
S. 2–3, 14–15, 19, 28–29, 35, 39, 49, 50, 57, 64–65, 70–71, 91, 92–93.

Archivio White Star/Angela White:
S. 4, 16, 20–21, 24–25, 32, 36, 38, 44–45, 51, 56, 58–59, 67, 68–69, 77 oben, 77 unten links, 96.

Antoni Attini:
S. 60, 61, 62–63.

Guido Borsani:
S. 84, 85.

Cesare Gerolimetto:
S. 24, 65, 75, 77 unten rechts, 79, 82, 83, 86.

Fulvio Roiter/Overseas:
S. 23, 25, 78, 80–81, 87, 92.

Genehmigte Lizenzausgabe für Bechtermünz Verlag
im Weltbild Verlag GmbH, Augsburg 1997

Titel der Originalausgabe: „Città d'autore Venezia“
Aus dem Italienischen übersetzt von: Elisabeth Neu, Frankfurt/M.
Einbandgestaltung: Gerd Aumann Kreativ Design, Wiesbaden
Gesamtherstellung: Istituto Grafico Bertello
Printed in Italy
ISBN 3-86047-845-1

FASZINIERENDE STÄDTE

VENEDIG

Texte Paolo Fontana

Graphische Ausstattung Patrizia Baloccó

BECHTERMÜNZ VERLAG

2–3 Der Canal Grande, von der Ponte Dell'Accademia aus gesehen. Rechts, von den ersten Sonnenstrahlen erleuchtet, die Kirche Santa Maria della Salute und die Dogana da Mar, die alte Zollstation.

4 Die Säule mit der Schimäre erhebt sich in der Piazzetta San Marco.

6 Die Kirche San Giorgio Maggiore, im 10. Jahrhundert erbaut, wurde zwischen 1565 und 1610 nach Plänen von Palladio neu gestaltet.

7 Die Spitze einer Gondel durchpflügt den Canal Grande in Richtung Rialto.

Warum nur ist Venedig von allen anderen Städten der Welt so völlig verschieden? Um diese Frage zu beantworten, muß man nicht tief schürfen oder lange überlegen – es genügt, alles was einen in dieser Stadt umgibt, genau zu beobachten und in sich aufzunehmen. Wer diesen Weg wählt, erkennt bald, daß Venedig nicht nur aus Steinen, aus Wasser oder Luft besteht, sondern daß sich alle diese Elemente verbinden um ein herrliches Bild aus Licht, Farben und Formen zu schaffen, das sich stets verändert unter den wechselnden Perspektiven von Tag und Nacht und der Jahreszeiten. Diese wunderbare Einzigartigkeit seiner Komposition macht Venedig zu einem Ort, wo jeder wohnen oder doch zumindest einen Teil seines Lebens verbringen möchte. Diese Stadt im Meer scheint von Melancholie umwoben zu sein, ein Traum geschaffen aus Marmor und grauem, mitunter fast bedrohlichem Himmel, ein Wunder, das nicht seinesgleichen hat, aus den Pfahlbauten eines unbezwingbaren Volkes geboren, ein letztes Bollwerk gegen die Belagerung eines Zeitalters, das den Wert der Kunst nicht mehr kennt.

Was die Stadt zunächst bestimmt, ist der Lauf der Brenta, dem sie es verweigert, sich mit dem Gegenstrom des adriatischen Meeres zu vermischen. Ursprünglich war der Canal Grande nichts anderes als der letzte Teil der Brenta, die sich zwischen Inseln, Inselchen und Schlamm hindurchschlängelte, zwischen der Lagune und dem offenen Meer. In der Zeit, als Venedig noch nicht geboren war, lebte das ärmliche Volk der Veneter entlang der Küste des Meeres und der Lagune. Wir befinden uns im fünften Jahrhundert, als neue Siedlungen in Grado, Eraclea, Concordia und Torcello gegründet wurden. Die älteren und Angriffen allzu leicht ausgesetzten Städte Aquileia, Altino und Caorle wurden von den einfallenden Hunnen zerstört und Wellen von Flüchtlingen suchten auf den Inseln der Lagune zwischen der Brentamündung und dem Strand von Malamocco ein neues Zuhause. Nun erwuchs die Notwendigkeit einer Regierung, die sich aus „maritimen Tribunen" zusammensetzte und zunächst noch dem Exarchen von Ravenna unterstand. Bald aber übernahm ein gewählter „Dux" die politische Führung und ließ sich zunächst auf Torcello, dann aber bald in dem sichereren Gebiet des Rialto nieder. Nach und nach wurden die 120 Inselchen miteinander verbunden und lange Pfähle formten ein riesiges Gebilde aus 450 Brücken und Brückchen, um die herum sich Häuser und Häuschen, Plätze und Gäßchen scharrten.

Im Jahre 727 wurde der erste Doge der Stadt gewählt und von diesem Zeitpunkt an wurde Venedig zu einer Insel der Seligen, während sich die umliegenden Gebiete von den Invasionen der Hunnen und Langobarden nicht erholen konnte.

Um einem anderen feindlichen Angriff zu entgehen, nämlich dem Pippins, des Sohnes Karls des Großen, schufen die Venezianer das befestigte Zentrum ihrer Stadt. Man schrieb das Jahr 810. Nur zwanzig Jahre später errichtete dieses Volk, das von einem starken Glauben an und Drang nach Unabhängigkeit beseelt war, eine Kirche um die vermeintliche Reliquie des St. Markus, die aus Alexandrien in Ägypten verschleppt worden und nach einer abenteuerlichen Reise in der Lagune angelangt war. Die Reliquie wurde von einem geflügelten Löwen mit stolzem Blick voll goldener Kühnheit begleitet. Dieses Raubtier wurde zum Symbol der neuen Macht Venedigs – und fortan mußten Könige und Päpste, Kaiser und Kalifen sich vor diesem Löwen vorsehen. Die stolze Freiheit Venedigs wurde in eine oligarchische Republik umgesetzt, in der Achtung der Unabhängigkeit der Bedürfnisse und des Besitzes des Individuums die Grundsätze waren. Venedig wuchs mit seinem

8 Dieser herrliche goldene Löwe befindet sich auf der Fassade der Basilica di San Marco.

9 Die Tetrarchen hatten Anteil an der Errichtung des Baus, der den Schatz von San Marco schützen sollte. Wahrscheinlich von einer Gruppe ägyptischer oder syrischer Bildhauer im vierten Jahrhundert geschaffen, zeigen die Figuren Kaiser Diokletian und dessen Mitregenten.

10–11 In der Nähe der Ponte di Rialto stehen zweifarbige Pfähle im Wasser und warten darauf, daß ein Tau an ihnen festgemacht wird.

12–13 Gondeln ruhen sich nach einem langen Arbeitstag aus. Im Hintergrund rechts die Kirche Santa Maria della Salute, die Punta della Dogana und links die Kirche Il Redentore auf der Insel La Giudecca.

Handel und beherrschte schließlich das Mittelmeer, so daß die römischen Heldenzeiten des „Mare Nostrum" eine zweite Blüte erfuhren. Venedig kontrollierte die Seefahrt und errichtete Niederlassungen an strategisch wichtigen Punkten der Handelsrouten. Dank auch geschickter und wirksamer Diplomatie beherrschte die Stadt bald den Handel mit Byzanz und der Levante. Eine der vier großen Meeresrepubliken war geboren, die zunächst drei goldene Jahrhunderte des Friedens und des Wohlstandes genießen konnte. Doch bald kam es zu Spannungen, zunächst mit Genua und vor allem mit den Türken. Noch einmal ging Venedig als triumphierender Sieger aus dem Konflikt hervor, als es im Jahre 1204 Konstantinopel eroberte. Diesem großen Sieg über die Byzantiner sind die berühmten Bronzepferde von San Marco zu verdanken und manche anderen Schätze, die bis heute in der Basilika aufbewahrt werden. Doch die Blüte Venedigs rief eine ungeheuere Opposition hervor und bald bildete sich eine Liga, die den goldenen Löwen demütigen wollte. Alle Mächte des alten Kontinentes, mit Hilfe des Papstes Julius II., schlossen sich zusammen, um eine weitere Ausdehnung des venezianischen Machtbereiches zu verhindern, während die Türken sich daran machten, ihre Gebiete zurück zu erobern. Doch der wirkliche Abstieg des venezianischen Monopols begann mit der Entdeckung Amerikas, das zum Katalysator der neuen europäischen Handelsinteressen wurde. Von nun an ging die Sonne des venezianischen Reiches langsam und glorreich unter.

149

14 Sankt Georg wacht über die Lagune.

14–15 Im vollen Tageslicht zeigt der Palazzo Ducale die Majestät seiner gotischen, von orientalischen Elementen stark beeinflußten Formen.

16 Gotische Marmorstandbilder und Mosaiken byzantinischen Stils an der Fassade der Basilica di San Marco.

17 Der schlichte Campanile von San Marco erhebt sich über den Marmorarabesken des Palazzo Ducale.

18–19 Die Ca'd'Oro, herrliches Beispiel gotischer Baukunst des frühen 15. Jahrhunderts, wurde von dem lombardischen Baumeister Marco Raverti und den Brüdern Giovanni und Bartolomeo Bon errichtet. Der Palast verdankt seinen Namen der einstigen Vergoldung seines Marmors, die heute aber verschwunden ist.

20–21 Figuren an den Ecken des Palazzo Ducale. Links die Ponte dei Sospiri, 1589 von dem Architekten Antonio Da Ponte erbaut, der auch die Ponte di Rialto schuf.

Doch erst Napoleon gelang es, das, was vom Mythos der Meeresrepublik übrig geblieben war, zu erniedrigen, als er die Stadt mit dem Vertrag von Campo Formio Österreich einverleibte. Als er Venedig in Besitz nahm, rief der spätere Kaiser aus „Ich werde sein wie Attila" und Venedig, das sich vor Attilas Mannen hatte retten können, mußte sich nun ergeben. Doch nur für kurze Zeit: nach wenigen Jahren erwachte 1849 die Kühnheit, die immer in der Lagune geherrscht hatte, zu neuem Leben in einer kurzen, aber heldenhaften republikanischen Revolutionsregierung unter Daniele Manin. Die Stadt wollte zu Italien gehören, mit dem Gedanken, ihre Unabhängigkeit später wieder zu erlangen. Im Jahre 1866, nach bewegten Jahren, fällt Venedig an das Königreich Italien, ohne jedoch je den Drang nach Autonomie zu verlieren, die es in der ganzen Welt groß gemacht hatte.
Eben wegen dieser Eigenschaft ist Venedig nicht, wie einige andere berühmte Städte, einer Neuordnung und einschneidenden baulichen Veränderungen unterworfen worden und hat sich das Stadtbild aus der Blütezeit der Serenissima bewahren können. So haben sich auch viele der alten Bezeichnungen erhalten: „calli" sind die kleinen engen Gassen, die zwischen den Häusern eingeschlossen sind, „salizade" die wichtigeren Wege, „fondamenta" die Gehwege entlang der Kanalufer, „rii" die winzigen Kanäle, „rii terra" die zugeschütteten Kanäle, „campi" und „campielli" die Plätze und Plätzchen, die sich überall, besonders auf der Hauptinsel, dem überraschten Blick des Besuchers öffnen. Es gibt in Venedig nur eine „piazza", die Piazza San Marco, das Herz der Stadt, das um die herrliche Basilika herum pulsiert. Diese Anlage scheint der glühenden Phantasie eines eigenwilligen, wie wenn auch genialen Architekten entsprungen zu sein. Gleich von welcher Seite aus gesehen, prunkt dieses herrliche

harmonische Miteinander mit unglaublichen Ansichten seiner vielfarbigen, mannigfaltigen Fassaden. Der heutige Eindruck ist das Ergebnis einer Reihe von Neuverkleidungen und Übereinanderlagerungen von Baustilen, von dem Gebäude, das Pietro Orseolo für die Reliquie des Evangelisten schuf, bis zur letzten Weihung des Jahres 1703. Auf die Bauten aus der Zeit des Exarchen, in die byzantinische Elemente verwoben sind, wurden noch ältere Materialien gesetzt, wie Säulen, Geländer und Gruppen von Standbildern aus der römischen Kaiserzeit. Dazwischen finden sich herrliche maurische Elemente, Mosaiken und Verzierungen aus der Gotik, der Renaissance und dem Orient. Aus dieser zufälligen, aber äußerst harmonischen Fusion von Baustilen erhebt sich die herrliche Basilica di San Marco, ein Bauwerk, das in der Geschichte der abendländischen Architektur nicht seinesgleichen findet. Die Fassade zeigt ein unvergeßliches, vielfarbiges Schauspiel, wie auch das unbefangene und faszinierende Weltbild des Mittelalters in den Darstellungen der Monate, der Tugenden und der Berufe. Im Inneren wird man mit dem Entdecken niemals fertig: beim Anblick der großartigen Mosaiken, Ikonen und Fresken geht ein Jeder auf die Reise in den paläochristlichen Orient und eine mystische Atmosphäre umgibt den Besucher, in der sich die Schlichtheit der Romanik mit dem Prunk der Gotik harmonisch verbindet.
Natürlich ist Venedig nicht nur San Marco. Jeder Venezianer wird bestätigen, daß man die Stadt nur wirklich kennenlernt, wenn man sich auf lange Spaziergänge abseits der Touristenpfade begibt. Sich zwischen den unzähligen Gassen und Plätzen zu orientieren, ist nicht immer leicht, aber schon hierin liegt der Zauber einer Reise durch diese Stadt. In Venedig findet man sich oft ziellos umherschweifend, gerade so, als ließe man dem rechten Instinkt wieder

freien Lauf. Hier wird die Phantasie endlich greifbar und lenkt die Schritte des aufmerksamen Wanderers, der sich mit Demut diesen Steinen voller Herrlichkeit und melancholischer Schönheit nähert, mit dem Wunsch, die ganz besondere Atmosphäre, die ihn hier umgibt, zu verstehen, diese einzigartige Mischung ewiger Unveränderlichkeit und beängstigender Vergänglichkeit. So kann man die abgelegensten Winkel entdecken und unsere Neugier stillen, die durch die nüchternen Fassaden der Paläste geweckt wurde, die herrliche Gärten mit Sonnenuhren verstecken, und die feuchte Luft der „sottoporteghi“, der Gassen, die unter einem Portikus hindurchführen. Dieses verborgene Venedig enthüllt den oft beißenden Geruch der Kanäle, das Gurgeln des Wassers, das an den vor Algen grünen Saum der Häuser schlägt. Diese verunsichernden Geräusche und Wahrnehmungen verstärken den Wunsch, wieder ins Zentrum zurück zu kehren, als sei man von einer mysteriösen Kraft geleitet. Bei jedem Schritt reiht sich Neues aneinander: die verwirrenden gotischen Formen der Ca'd'Oro, die byzantinischen Motive auf der Ca' Farsetti und die klare, wunderbare Harmonie der Renaissance der Scala a Bovolo.

22 Die klaren Linien der Figuren von San Marco heben sich gegen das Blau des Himmels ab.

23 Ein Blick aus der Vogelperspektive auf das Zentrum der Stadt. Auf der Piazza San Marco kann man die weißen Linien erkennen, entlang derer die Zünfte einst ihre Stände errichteten.

24 Panorama des Bacino di San Marco. Vorne erkennt man den Kanal der Giudecca, im Hintergrund den Friedhof und Murano.

25 Blick über die Insel San Giorgio auf das Bacino di San Marco.

26 Unzählige herrliche Einzelheiten schmücken die Fassade des Palazzo Ducale.

27 An der Seite des mächtigen Campanile erhebt sich der bunte Torre dell'Orologio, gekrönt von zwei Mohren, die seit über 500 Jahren die Stunde anschlagen.

SERVIZIO GONDOLE

28 Ungewöhnlicher Blick auf die Tische eines eleganten Cafés auf der Piazza San Marco.

29 Die Tauben auf der Piazza San Marco sind unwiderstehlich, besonders für Kinder.

30–31 Das Caffé Chioggia auf der Piazza San Marco ist einer der beliebtesten Treffpunkte der Stadt.

32 Die Figur des Heiligen und die farbenprächtigen Mosaiken an der Fassade der Basilica di San Marco leuchten im Sonnenuntergang.

33 Der geflügelte, angriffslustige Löwe ist seit jeher Symbol der Macht und der Faszination Venedigs.

34 Ungewöhnliche Bilder einer vom Schnee umschmeichelten Basilica di San Marco.

34–35 Byzantinische Elemente und spätgotische Linien verbinden sich im Innern der Basilica di San Marco.

36 Die herrliche Scala a Bovolo im lombardischen Stil ist ein Werk Giovanni Candis aus dem Jahre 1499.

37 Die Bronzepferde von San Marco wurden 1204 von dem Dogen Enrico Dandolo aus Konstantinopel nach Venedig gebracht.

Wenn man von Santa Lucia auf einem der vielen Boote ablegt, die einen zum Herzen der Stadt bringen, tritt man mit den künstlerischen Dimensionen dieses Museums unter freiem Himmel in Kontakt, nach und nach gewinnt man dabei Vertrauen und ein Gefühl, das man nie wieder vergessen wird. Nach Venedig wird man immer wieder zurückkehren wollen, zu dieser ewigen, unbeweglichen Stadt inmitten des Wassers, das sie fortzuspülen droht. Deshalb wird die Stadt für jeden, der zu ihr kommt, eine unerschöpfliche Quelle einzigartiger Erfahrungen sein. Wer sich zwischen die Tausende von Kanälen wagt, lernt die wahre Schönheit kennen, die, vom gehauenen Stein bewacht, ihren Weg verfolgt, ohne Alter, ohne Bedauern. Die drohende Lagune, die Venedig umspült und ihre Spuren auf dem Marmor eingräbt, kann niemals den Eindruck der Kontraste löschen, den allein der Rhythmus der gemächlichen Uhren an den Türmen skandiert, die sich in den Himmel erheben und nach der Ewigkeit suchen.
Die Antwort auf die Frage, warum Venedig die Stadt der Verliebten ist, liegt im magischen Licht, das in dieser Stadt herrscht, dem Licht der Häuser und Paläste, der Sonnenuntergänge, der Feste und der Torbögen aus dem 18. Jahrhundert. Die Verschiedenartigkeit des Lichtes, in das die Stadt getaucht ist, scheint grenzenlos: hier herrscht das Licht der Natur, das sich erhebt und über die Lagune und die vielfarbigen Dächer breitet, das der Maler, die geweihte Gebäude mit Fresken verzierten, das der Jahreszeiten, die sich zwischen den zweibogigen Fenstern haschen und der matten Schattierungen in den Gassen, das Licht in den Häusern, die sich scheinbar der Elektrizität verschlossen haben oder sie zu einem sanften Schein gezähmt haben. Die dunkle und harte Farbe des Meeres findet sich auf den Bildern Tizians und Tintorettos wieder.

VERVS FORTIS QVI FREGIT VINCVLA

38 Im prächtigen Inneren des Palazzo Ducale.

39 Die Scala d'Oro im Palazzo Ducale wurde von Sansovino entworfen, das Dekor stammt von Alessandro Vittoria.

Die Süße vergangener Jahrhunderte spiegelt sich während der vielen Feste der Serenissima in den Salons, die von Tausenden von Kerzen erleuchtet werden. Doch in diesem Mosaik beeindruckt am meisten die Sanftheit des venezianischen Lichtes, das Fehlen greller Spannungen, die grauweiße Äderung des alten Steines, die sich mit der Farbe des Pflasters der Gassen vermischt.

Hier liegt ein anderes Geheimnis Venedigs verborgen: die vielen Schattierungen des Graus. Jeder Ton ist verschieden, lebendig, natürlich – nicht aufgezwungen, sondern selbst gewählt. Es ist das Grau der Fensterscheiben eher als das der Mauern und des Asphalts. Und dann wieder das Gold der Sonnenstrahlen auf den Kuppeln, ein Himmel, dessen unendliche Tönungen die Wände des großen Salons mit kostbaren Farben verzieren. In Venedig fühlt man sich auf der Piazza San Marco wie auch auf den anderen unzähligen Plätzen stets wie Zuhause, in einem Heim voller unterschiedlicher Zimmer, die zur gleichen Zeit unbekannt und vertraut sind. Hier möchte man sich niederlassen und ausruhen, nachdem man ohne Rast umhergewandert ist, vom Schwindel der Entdeckungslust ergriffen und bemüht, alles kennenzulernen. Schattierungen der sanften Töne bilden einen Kontrast zu dem steten Funkeln der Mosaiken, der Fensterscheiben und der Laternen, die ein gedämpftes Gelb ausstrahlen. Venedig erleuchtet sich mit einem weisen Maß an Helldunkel: nie sieht man blendende Lampen oder bedrohlich finstere Winkel – dies ist das Haus der Harmonie, von Künstlern geschaffen.

40 Der Torre dell'Orologio erstrahlt im Abendlicht. Anfang des 15. Jahrhunderts begonnen, wurde der Turm 1755 fertiggestellt. Außer der Zeit zeigt die Uhr auch den Stand der Sterne und den Lauf der Planeten an.

41 Das sanfte und noch zaghafte Morgenlicht verleiht dem Palazzo Ducale und den Kuppeln von San Marco einen ganz besonderen Zauber.

42–43 Die warme und romantische Beleuchtung hebt die Schönheit des Palazzo Dario hervor.

44–45 Das Teatro La Fenice wurde zwischen 1790 und 1792 von Antonio da Selva errichtet. Bei einem Brand im Jahre 1836 wurde es zerstört und danach von den Brüdern Meduna wieder aufgebaut.

46 Das elegante Innere des Caffé Florian in der Piazza San Marco.

47 Ein herrlicher Lüster aus Murano erleuchtet den Eingang zum Caffé Lavena.

48 Üppiges Grün einer alten Villa in Rio San Trovaso.

49 Das Gelb der Mimosen leuchtet in einer Gasse im Stadtteil Rialto.

Das farbenfrohste und funkelndste Licht liegt über den großen Festen Venedigs: natürlich dem Karneval und seinen phantastischen Masken, die im Februar den Prunk des 18. Jahrhunderts wieder aufleben lasen und der herrlichen Regatta Storica am Ende des Sommers, wenn die feuchte Hitze soeben einer Frische weicht, die ein Vorbote der kalten Winterwinde ist. Große Farben beherrschen auch das „Sposalizio del Mare", ein Zeugnis der engen Verbundenheit der Venezianer mit dem gefürchteten, aber nie gehaßten Meer. Auch beleben die sanften Farben Venedigs sich der Festa del Redentore, dem Fest des Erlösers, das jeden dritten Sonntag im Juli stattfindet. Oder auch in dem traditionellen, sarkastischen Arlecchino, einer fast teuflischen Maske, die durch die Gassen gejagt wird von den Klängen des Orchesters des Florian, das stets der Musik Vivaldis verpflichtet ist. Ohne Frage ist es Vivaldi, der die musikalischen Spaziergänge durch Venedig beseelt, in dessen Werk bezaubernde Töne romantischer Empfindungen mit wesentlich stärkeren Leidenschaften verschmelzen.

Jeder Augenblick des venezianischen Alltags hat viele typische Besonderheiten und so darf es nicht verwundern, daß die Stadt ein ganz eigenes Mittel ersonnen hat, um Personen und Waren zu transportieren. Aus einer alten, tief verwurzelten Kunst stammt die Gondel, das wahre – und leider auch oft mißbrauchte – Symbol Venedigs. Beeindruckend ist ihre schmale, lange Form, ihr ruhiges Gleiten über den Canal Grande wie auch die kleinsten und engsten Kanäle. Die Entstehung der Gondel, die auf der Welt nicht ihresgleichen hat, ist fest mit der Geschichte Venedigs verbunden. Die Gondel war das erste Transportmittel der Venezianer: weniger wohlhabende Bürger besaßen bescheidene Gondeln, während die Familien der Reichen und der Aristokratie einen Wettstreit austru-

50 Vorne eine Brücke über den Rio di Palazzo, im Hintergrund kann man die Ponte dei Sospiri erkennen.

51 Auch ein Umzug muß über die Kanäle erledigt werden.

52 Fischmarkt im Rialto.

52–53 Der Markt in der Via Garibaldi ist einer der malerischsten der Stadt.

54–55 In Venedig findet auch der Markt auf dem Wasser statt. Im Bild eine Barke mit Obst und Gemüse entlang dem Rio di San Barnaba.

gen, ihre Gondeln mit herrlichem, schillernden, farbenfrohen und schweren Prunk auszustatten, mit prächtigen Baldachinen und mit Damast ausgelegten Kajüten. Im Jahre 1562 schrieb ein Erlaß des Dogen vor, daß alle Gondeln schwarz zu sein hatten und strafte damit die Sucht nach Prunk, die sich in der neuen Sittsamkeit nicht mehr ziemte. So legte die Gondel ein dunkles Gewand an wie die Mäntel und Dreispitze eines faszinierenden Jahrhunderts, das sich mehr dem Geheimnisvollen als der ins Auge stechenden äußeren Erscheinungen widmete. Seit dieser Zeit hat sich die Gondel alle ursprünglichen Merkmale bewahrt: ihre Form, ihre Länge, die elf Meter keinesfalls überschreiten darf und vor allem die Spitze, den „Kamm", das Eisenteil des Bugs, das sowohl zur Verschönerung wie zum Gleichgewicht beiträgt. Das Eisenstück hat sechs „Zähne", die die „sestieri", die Viertel, die die Stadt ausmachen, symbolisieren: San Marco, Castello, Dorsoduro, San Polo, Santa Croce und schließlich Cannaregio.
Die Seiten des Schiffsrumpfes sind asymmetrisch, die rechte Seite ist kürzer als die linke: diese Diskrepanz verleiht der Gondel ihre typische Neigung wie die Fähigkeit, geradeaus fahren zu können. Die Gondel ist einzigartig, wie auch der Gondeliere, der mit seinem flachen und langen Ruder die Fahrt auch durch die engsten Kanäle steuert, ohne Mühe, stets das Gleichgewicht haltend, mit althergebrachten und entspannten Bewegungen, außerordentlicher Vertrautheit und Geschicklichkeit, die das Ergebnis mühevoller und geduldiger Lehrjahre sind.

Gobbo
Gobbo

RISTORANTE

P.TE ACCADEMIA
S. MARCO
6 V. 14477

56 Eine typische enge Gasse.

57 Piazza San Marco im Licht des Sonnenuntergangs.

EGON SCHIELE

58 Typische Häuser entlang der Fondamenta delle Zattere.

59 Die Rottöne eines Sonnenuntergangs streichen die erhabenen Linien der Chiesa di San Giorgio heraus.

Die Faszination der Gondel beginnt schon mit ihrem höchst komplizierten Bau: acht verschiedene Holzarten werden verwendet und die Konstruktion beruht auf präzisen Berechnungen, die seit Jahrhunderten unverändert sind und von wenigen Meistern gehütet werden, die das Holz in San Trovaso, im Stadtbezirk Dorosoduro, lagern, wo das Handwerk von Generation zu Generation weitergegeben wird. Wenn man sich entlang der engen und stillen Kanäle in die Stadt einzufühlen beginnt, wird man schnell bemerken, daß die Gondel der Begegnung mit Venedig etwas ganz Besonderes hinzubringt, das aus alten Zeiten herüberweht, als das Lärmen der Motoren die Kraft und den Zauber der Natur noch nicht störte. Tradition und Geschichte charakterisieren Venedig, jeden seiner Winkel wie auch seine Bewohner. Heute gibt es nur noch wenige wahre Venezianer, die meisten wurden von Spekulation und Gewinnsucht aus der Stadt vertrieben. Diejenigen, die geblieben sind, haben sich in ihren Häusern verschanzt in ihrer stolzen und unverbrüchlichen Individualität, die dieses Volk stets ausgezeichnet hat. Die Venezianer haben nie die Seele ihrer Vorfahren, der Seefahrer und Kaufleute, abgelegt und nie das Gefühl verloren, etwas besonderes zu sein, nämlich die uneingeschränkten Herrscher über die außergewöhnlichste Stadt der Welt. Alles im Leben dieser Menschen zeigt Autonomie und Unabhängigkeit, von der Kultur bis zur Küche, von den Lebensgewohnheiten bis zum Zeitvertreib. Venedig und seine Bewohner sind der Schnittpunkt verschiedener und oft sehr unterschiedlicher Kulturen gewesen, die eine lebhafte und faszinierende Symbiose eingingen. Hier verband sich der Orient mit Mitteleuropa.

Die große Vergangenheit der Serenissima vermählt sich jeden Tag aufs Neue mit dem Alltäglichen, dem durch diese Verbindung Wichtigkeit und Glanz verliehen wird. Teil des täglichen Lebens sind auch der Karneval und die „Vogalonga“: der Mythos senkt sich über den Platz herab und vermischt sich mit den Lebensgewohnheiten der Bewohner, aber zieht auch gleichzeitig eine Menschenmenge an, der nicht immer bewußt ist, daß sie über die Geschichte läuft und die Zerbrechlichkeit ihrer Zeugen nicht immer zu würdigen weiß. In diesem Stadt-Denkmal, das von seiner Vergangenheit lebt, sind Folklore und Kostüme feste Bestandteile des täglichen Lebens: die Feste der Serenissima sind voller Eigenleben und mußten nicht zur Ergötzung und Befriedigung heutiger Bedürfnisse erfunden werden. Der große Karneval und die Regattas in Kostümen sind nichts anderes als Augenblicke der flammendsten Farben und eines ausgeprägten Lokalpatriotismus.

Bei diesen Ereignissen geht der wahre Venezianer aus sich heraus und vergißt für ein Weilchen seinen eher introspektiven, vom Meer geprägten Charakter.

Die wirklichen Gesichter der mutigen Venezianer, die das Land der Lagune abrangen, kann man beobachten, wenn sie in ihre Arbeit vertieft sind, auf den manchmal etwas heruntergekommenen Gondeln, die sie über die Kanäle tragen, bei Momenten der Beschaulichkeit in den Schenken, die das unbekannte Venedig überall aufweist, bei einem Glas Wein, ins Kartenspiel vertieft und doch stets bereit zu einem bissigen, polemischen Schlagabtausch. Auch der unkonzentrierteste und eiligste Besucher wird den ungewöhnlichen Rhythmus, der in Venedig herrscht, wahrnehmen. Streß, ein Leben außer Atem gehören nicht in diese Stadt, in der die Zeit ohne Eile vergeht, auf den Gassen wie bei der fleißigen und genauen Arbeit der Handwerksmeister, in den Cafés wie beim Essen . . .

Apropos venezianische Küche. Die Gastronomie hier legt ebenso viel Wert auf raffinierte Gerichte wie auf deren sorgfältige Zubereitung: hier gibt es kein rasches Kochen. Die Erklärung dafür ist wieder einmal in der Geschichte zu suchen, nämlich der, die vom Warten erzählt. Dem Warten auf die Männer, die Söhne und Ehemänner, die zur See fuhren und deren Frauen ihre Zeit mit Klöppelarbeiten und dem Anfertigen edler Spitzen verbringen mußten – und natürlich einer Kochkunst, die mitunter auf langen Garzeiten basierte und in der sich Einfachheit mit dem Geschmack des Orientes vermählte. Fischsuppen und die „sarde in saor“ sind die besten Beispiele für Speisen, deren Inspiration aus dem Meer kommt: Dinge, die einfach scheinen aber doch raffiniert und köstlich sind – übrigens noch ein ganz typisch venezianisches Paradox.

60–61 Der venezianische Karneval hat eine lange Tradition. Bereits zu Anfang des 15. Jahrhunderts trafen junge Adlige in Gruppen mit Namen „Compagnie de Calza“ zusammen, die die Aufgabe hatten, Karnevalsfestlichkeiten auszurichten. Auch heute noch wird das Erbe der Masken und Kostüme gepflegt und für einige Tage verwandelt sich das Gesicht der Stadt vollkommen und schmückt sich mit den ruhmreichen Jahren des 18. Jahrhunderts.

62–63 Auf den Masken kann man die süße Melancholie und den Glanz der Stadt lesen.

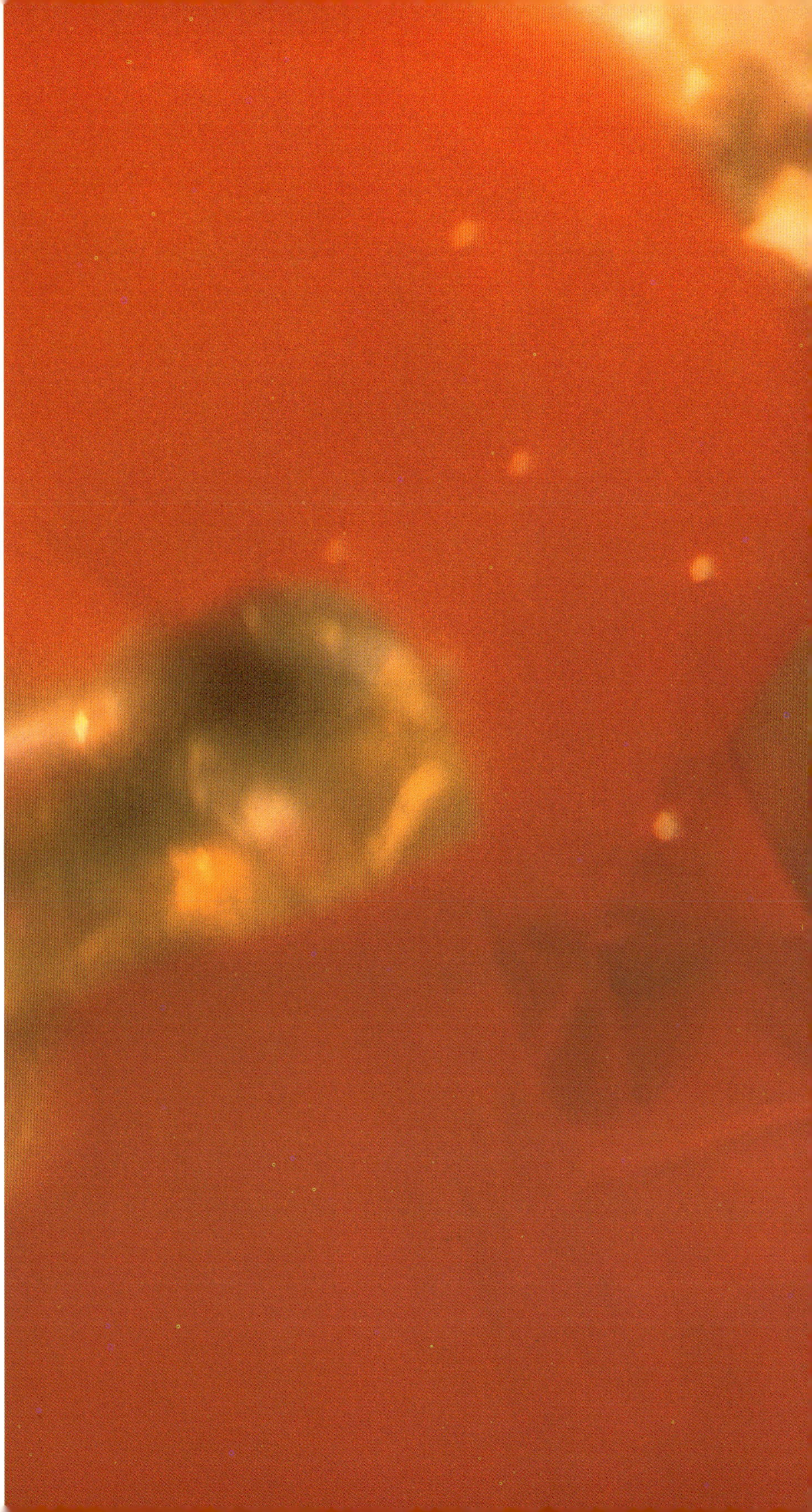

64–65 In alten Werkstätten werden die Masken noch heute aus Leder, Papiermaché, Bienenwachs und Wasserfarben auf traditionelle Weise gefertigt.

VENEZIA IN FIORE

66 Die Ponte di Rialto, mitten im alten Viertel der Bankiers und Kaufleute, bildet den Hintergrund einer sanft dahingleitenden Gondel.

67 Der Beruf des Gondoliere hat sich über die Jahrhunderte erhalten.

68–69 Die Gondolieri mit ihren Strohhüten machen einen großen Teil des Zaubers von Venedig aus.

70 Ohne Frage ist die Gondel das beste Mittel, verborgene Winkel der Stadt zu entdecken.

71 Mit großem Geschick und nur einem Ruder als Steuer manövrieren die Gondoleri ihre Schiffe.

72–73 Am Rio San Trovaso kann man noch einen typischen „squero“ besuchen, eine alte Werft, auf der Gondeln hergestellt und repariert werden.

74 Ein „squerariol“ arbeitet mit Hingabe an einer Gondel. Die Schiffe sind keineswegs nur ein Zugeständnis an Touristen, sondern ein Transportmittel mit langer Tradition.

75 Gondeln am Bacino Orseolo, nahe der Piazza San Marco.

76 Das Eisen des Bugs, die sogenannte „pettine“, dient nicht nur als Schmuck, sondern übt eine wichtige Funktion für das Gleichgewicht der Gondel aus, da es das Gewicht des Ruderers ausgleicht. Seine sechs „Zähne“ symbolisieren die „sestieri“, die sechs Viertel, in die die Stadt unterteilt ist.

77 Elegante Dekorationen schmücken die schönsten Gondeln.

78 Stimmungsvolles Bild des Palazzo Ducale im Winter.

79 Schnee und Windböen leeren die Piazzo San Marco.

Diese Stadt, die soweit entfernt ist vom modernen, aggressiven und exzessiven Leben, zwingt jedem, der dort lebt oder auch nur zu Besuch kommt, ihren Rhythmus auf – und verzaubert alle damit. Denn die Hast ist der Dämon, der Venedig zu zerstören droht, ebenso wie der Wunsch, die Stadt in ein Schaufenster zu verwandeln, zu mumifizieren, oder sie mit immer neuen Einrichtungen und Technologien zu überladen. Der Fortschritt fällt in die Stadt ein und mit ihm der Lärm, die Menschenmassen, die Gleichgültigkeit dem Rhythmus gegenüber, die wir beschrieben haben. Die wunderbare Melancholie der Stadt scheint sich in Trauer zu verwandeln. Wird auch Venedig sich ergeben müssen? Doch immer besteht die Hoffnung einer Wiedergeburt. Venedig bittet diejenigen um Hilfe, die die Stadt lieben und zu schätzen wissen – sei es zu dem Grad, das man sie nur noch in Büchern und auf ängstlich gehüteten Photographien bewundern darf. Venedig bittet uns heute, das Gleichgewicht zu respektieren, das es in der Vergangenheit groß und einzigartig gemacht hat und die Stadt zu einem festen Ort in unserer aller Gedanken hat werden lassen. Venedig ist immer die Illusion in ihrer vollkommensten Verkörperung. So wollen wir diese Stadt an die weitergeben, die nach uns kommen werden, als die Stadt des lichtesten und menschlichsten Erbes.

80–81 Der Schnee verleiht den Formen des Palazzo Ducale eine besondere, geheimnisvolle Schönheit.

82 Unter einer Schneedecke ruhen sich die Gondeln aus.

83 Das Bacino Orseolo, sonst ein belebter Anziehungspunkt nahe der Piazza San Marco nach dem Schneefall.

84–85 Hochwasser auf der Piazzetta und Piazza San Marco. Das Phänomen ist einer außergewöhnlich hohen Flut zuzuschreiben, die sich unter bestimmten Wetterbedingungen bildet und Straßen und Plätze unter Wasser setzt.

86–87 Bei der Regatta Storica, die jedes Jahr in der ersten Septemberwoche auf dem Canal Grande stattfindet, versammeln sich immer große Zuschauermengen.

88–89 Im Bacino di San Marco warten Schiffe auf den Startschuß zur Vogalonga. Dieser Wettbewerb wurde 1975 ins Leben gerufen und zieht jedes Jahr Tausende von Venezianern an, die allein mit Ruderkraft die Stadt umschiffen müssen.

IL GAZZETTINO

90–91 Obwohl die Vogalonga nicht in langen und historischen Traditionen verwurzelt ist, ruft sie große Begeisterung und Eifer beim Wettkampf hervor.

92–93 Ein grandioses Feuerwerk beendet die Festa del Redentore, das Fest des Erlösers, in der Nacht zwischen dem dritten Samstag und Sonntag im Juli.

94–95 Goldene Reflektionen tauchen die Chiesa di Santa Maria am Punta della Dogana in ein magisches Licht.